Robert Francis Harper, Leroy Waterman

Assyrian and Babylonian Letters Belonging to the Kouyunjik Collections

of the British Museum. Part 1

Robert Francis Harper, Leroy Waterman

Assyrian and Babylonian Letters Belonging to the Kouyunjik Collections
of the British Museum. Part 1

ISBN/EAN: 9783337236663

Printed in Europe, USA, Canada, Australia, Japan

Cover: Foto ©ninafisch / pixelio.de

More available books at **www.hansebooks.com**

ASSYRIAN

AND

BABYLONIAN LETTERS

BELONGING TO

THE K. COLLECTION OF THE BRITISH MUSEUM.

BY

ROBERT FRANCIS HARPER,
OF THE UNIVERSITY OF CHICAGO.

PART I.

THE UNIVERSITY OF CHICAGO PRESS.

LUZAC AND CO., LONDON.
D. C. HEATH AND CO., CHICAGO.

1892

TO

THE REVD. J. N. STRASSMAIER, S.J.

PREFACE.

THE present work was undertaken chiefly by the advice of Dr. BUDGE, Acting Assistant-Keeper of the Department of Egyptian and Assyrian Antiquities of the British Museum.

Very little connected, or what might properly be termed scientific work, has hitherto been done in this line of research. PATER STRASSMAIER in his *Alphabetisches Verzeichniss der Assyrischen und Akkadischen Wörter*, etc., has given extracts of a great many letters, but he has published very few complete texts. A number of these texts has appeared in the *Cuneiform Inscriptions of Western Asia* and in the *Trans. Soc. Bibl. Arch.* and *Proc. Soc. Bibl. Arch.*, edited chiefly by Mr. PINCHES. Mr. S. A. SMITH has published about seventy-five in his *Keilschrifttexte Asurbanipals* (1887) and in his *Assyrian Letters from the Royal Library at Nineveh* (1888). FRIEDRICH DELITZSCH has reproduced a few in transliteration in his *Assyrisches Wörterbuch* and in *Beiträge zur Assyriologie*. The texts presented by SMITH and by DELITZSCH have been carefully copied. I have found few readings requiring correction, and I, herewith, express my indebtedness to both of them. To PATER STRASSMAIER both for his published texts, and for numerous valuable suggestions, orally communicated, touching several letters contained in this first Part, I wish to make hearty acknowledgment.

In SMITH'S and DELITZSCH'S publications there is no principle of arrangement. Moreover, they have, for the most part, confined themselves to exhibited and extremely easy texts. In part explanation of this lack of arrangement, it must be said that it was almost impossible to attempt any complete work prior to the publication of Dr. BEZOLD's *Catalogue of the Cuneiform Tablets in the Kouyunjik Collection of the British Museum* (Vols. I and II). This *Catalogue* has opened a new opportunity for work in all departments of Assyriological research. I am under the greatest obligations to Dr. BEZOLD for his *Catalogue*, which I have used freely, and without which I could not have undertaken the present work.

It is my purpose (1) to publish all the letters in the K. Collection in which the name of the scribe is to be found; (2) the best preserved and most important of those without signatures; and (3) a transliteration and either a tentative translation or a *résumé* of the contents (after the plan of Drs. BEZOLD and BUDGE in their *Tell el-Amarna Tablets in the British Museum*) together with a glossary. The texts alone will occupy three or four volumes, and the transliteration, translation and glossary at least two more. In other words, my purpose is to give a *Corpus Epistolarum* of the *K. Collection*. The plan of publication in this, as also in the forthcoming volumes, is to collect and arrange the letters according to the names of the scribes. I regard this as the only scientific method. Material for the explanation of the vocabulary and grammatical peculiarities can be obtained in this way better than in any other, *e.g.*, compare in point of vocabulary and style the sixteen letters of Ramman-šum-uṣur placed at the beginning of this Part.

It has been my aim to publish all the letters in the K. Collection — up to 8,000 — belonging to the scribes selected for this Part. Two or three which were doubtful have been omitted purposely. If others have been omitted they will be inserted in another Part. This plan necessitates the publishing of all texts. Some are very badly broken, and have been inserted only for the sake of completeness. Restorations have not been attempted, as they more naturally fall within the province of the commentary, in which I hope to add many textual notes. The head-lines are the most common readings of the names of the scribes found in the letters over which they stand.

In conclusion, I express my thanks to the authorities of the British Museum, and particularly to Dr. BUDGE, Acting Assistant-Keeper of the Department, for the ready assistance granted me, which in many ways has facilitated my work.

I wish especially to acknowledge my great indebtedness to Mr. THEO. G. PINCHES for his kindness in collating, with my copies, about three-fourths of the inscriptions published in this volume. I have received from him many valuable suggestions and corrections which have materially aided me in the study of these texts.

ROBERT FRANCIS HARPER.

LONDON, 3, UPPER BEDFORD PLACE,
August 2nd, 1892.

[1.] K. 167.

OBVERSE.

(cuneiform text, lines 1–15)

REVERSE.

(cuneiform text, lines 1–9)

[2.] K. 183.

OBVERSE.

125 b) Bd. II 4. zu §. 36.

[2.] K. 183 (*continued*).

REVERSE.

[3.] K. 492.

OBVERSE.

3.

6.

9.

12.

EDGE.

15.

REVERSE.

3.

6.

---

[1] This character is certain. Mr. S. A. Smith reads ⁝⁝.

erwäge Assurbanipal als Kronprinz? cf. Kakkim.

Kakkiva of folg XI.

[4.] K. 568.

OBVERSE.

(cuneiform text, 12+ lines)

EDGE.

REVERSE.

(cuneiform text, 12 lines)

Marginal notes:
kima
uṣarru...
erṣb, uṣṣ...
aṣṣ
kt......
Erib...
ṣa gallaṭu
arkit

m'...
d'...
ṣen
...
"
ña?
mpi

[5.] K. 583.

Obverse.

(cuneiform text, lines 1–15)

Edge.

(cuneiform text, line 18)

Reverse.

(cuneiform text, lines 1–9)

[1] Written over an erasure.   [2] Badly rubbed

בקשה

[5.] K. 583 (continued).

REVERSE.

(cuneiform text, lines 12–18)

EDGE.

SIDE-EDGE.

[6.] K. 595.

OBVERSE.

(cuneiform text, lines 1–18)

[1] Perhaps ⸗.

שרק I/2 ik hab er
der beschneidung
gestellt (eig. geschenkten)

[6.] **K. 595** (*continued*).

OBVERSE.

(cuneiform text, lines 21, 24, 27)

EDGE.

REVERSE.

(cuneiform text, lines 3, 6, 9, 12, 15, 18)

[7.] K. 601.

OBVERSE.

(cuneiform text, 18 lines)

REVERSE.

(cuneiform text, 16 lines)

[8.] K. 612.

OBVERSE.

(cuneiform text, lines 1–13)

Reverse completely broken away.

[9.] K. 618.

OBVERSE.

(cuneiform text, lines 1–12)

[9.] **K. 618** (*continued*).

OBVERSE.

[cuneiform text]

15. [cuneiform text] (erasure)

18. [cuneiform text]

REVERSE.

[cuneiform text]

3. [cuneiform text]

6. [cuneiform text]

9. [cuneiform text]

12. [cuneiform text]

15. [cuneiform text]

18. [cuneiform text]

[10.] K. 641.

OBVERSE.

(cuneiform text, lines 1–6, with 5–6 lines broken away)

REVERSE.

(cuneiform text)

5–6 lines broken away from Obverse.

[11.] K. 643.

OBVERSE.

(cuneiform text, lines 1–12)

REVERSE.

(cuneiform text, lines 1–6)

[12.] K. 666.

Obverse.

(cuneiform text, lines 1–2)
3. (cuneiform text)
   (cuneiform text)
   (cuneiform text)
6. (cuneiform text)
   (cuneiform text)
   (cuneiform text)[1]
9. (cuneiform text)
   (cuneiform text)
   (cuneiform text)
12. (cuneiform text)
    (cuneiform text)

Reverse.

(cuneiform text, lines 1–2)
3. (cuneiform text)
   (cuneiform text)
   (cuneiform text)
6. (cuneiform text)
   (cuneiform text)[2]
   (cuneiform text)
9. (cuneiform text)
   (cuneiform text)
   (cuneiform text)[3]
12. (cuneiform text)
    (cuneiform text)
    (cuneiform text)
15. (cuneiform text)

---

[1] Written (sign).   [2] = (sign).   [3] = (sign).

[13.] **K. 1040.**

OBVERSE.

[cuneiform text]

Reverse broken away.

[14.] **K. 1087.**

OBVERSE.

[cuneiform text]

REVERSE.

[cuneiform text]

[15.] **K. 1197.**

OBVERSE.

[cuneiform text]

[15.] **K. 1197** (*continued*).

OBVERSE.

(cuneiform text, lines continuing)
9. (cuneiform text)

REVERSE.

(cuneiform text)
3. (cuneiform text)
6. (cuneiform text)
9. (cuneiform text)

[16.] **K. 1428.**

OBVERSE.

(cuneiform text)
3. (cuneiform text)
6. (cuneiform text)
9. (cuneiform text)

REVERSE.

3. (cuneiform text)

[17.] K. 472.

Obverse.

(cuneiform text, lines 1–13)

Reverse.

(cuneiform text, lines 1–15)

[18.] K. 490.

Obverse.

(cuneiform text, lines 1–18)

Reverse.

(cuneiform text, lines 1–9)

[1] Traces of 𒁹.

[18.] **K. 490** (*continued*).

[19.] **K. 494.**

OBVERSE.

REVERSE.

[19.] **K. 494** (*continued*).

REVERSE.

[cuneiform]
9. [cuneiform]
[cuneiform]
[cuneiform]
12. [cuneiform]
[cuneiform]
[cuneiform]
EDGE. 15. [cuneiform]
[cuneiform]

[20.] **K. 495.**

OBVERSE.

[cuneiform]
[cuneiform]
3. [cuneiform]
[cuneiform]
[cuneiform]
6. [cuneiform]
[cuneiform]
[cuneiform]
9. [cuneiform]
[cuneiform]
[cuneiform]
12. [cuneiform]

REVERSE.

[cuneiform]
[cuneiform]
3. [cuneiform]
[cuneiform]
[cuneiform]
6. [cuneiform]

[21.] K. 511.

Obverse.

(cuneiform text, lines 1–10)

Reverse.

(cuneiform text, lines 1–5)

[22.] K. 591.

Obverse.

(cuneiform text, lines 1–10)

Lines 11–15 are so badly defaced as to be illegible.

[22.] K. 591 (*continued*).

Reverse.

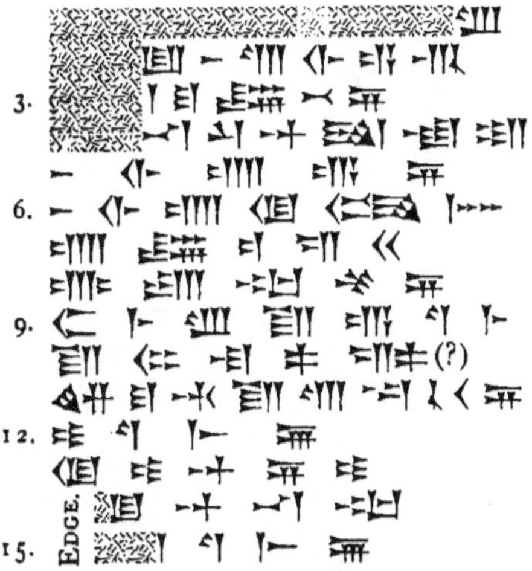

[23.] K. 602.

Obverse.

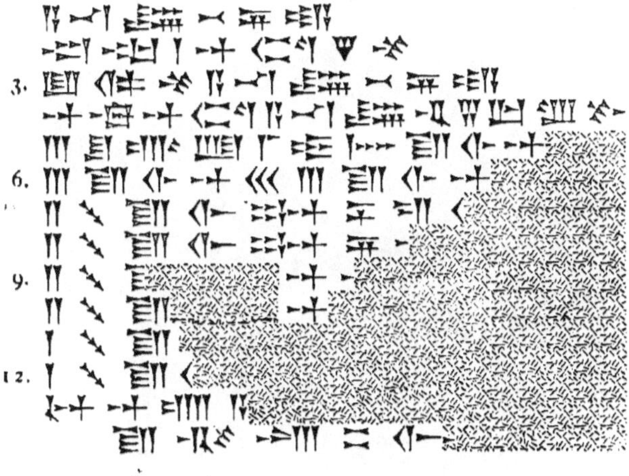

[23.] K. 602 (*continued*).

OBVERSE.

[23.] **K. 602** (*continued*).

18. ...
21. ...
24. ...

LEFT HAND EDGE. ...

[24.] **K. 626.**

OBVERSE.

[24.] **K. 626** (*continued*).
REVERSE.

[25.] K. 639 (*continued*).

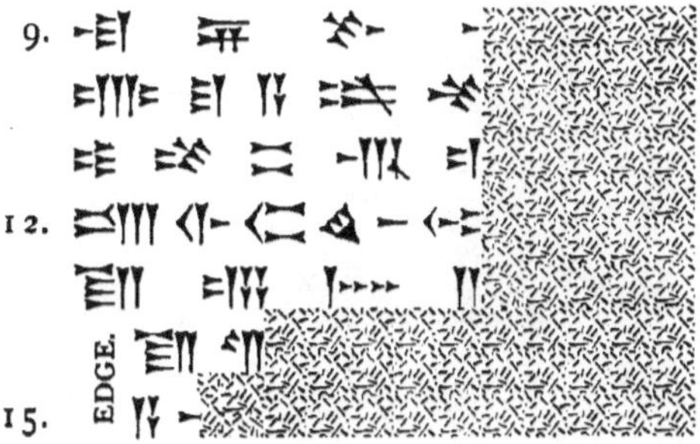

Reverse.

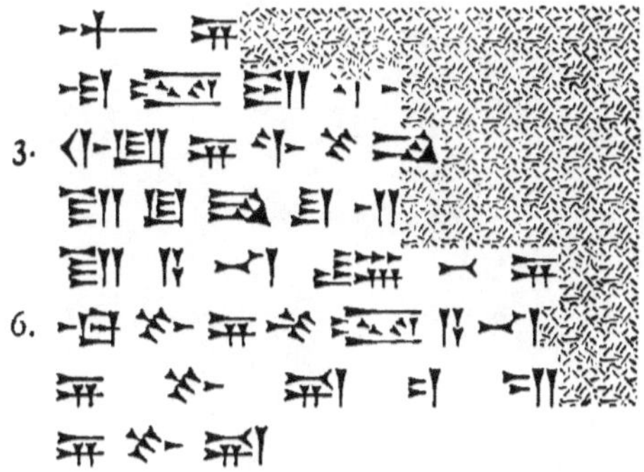

[26.] K. 4780.

Obverse.

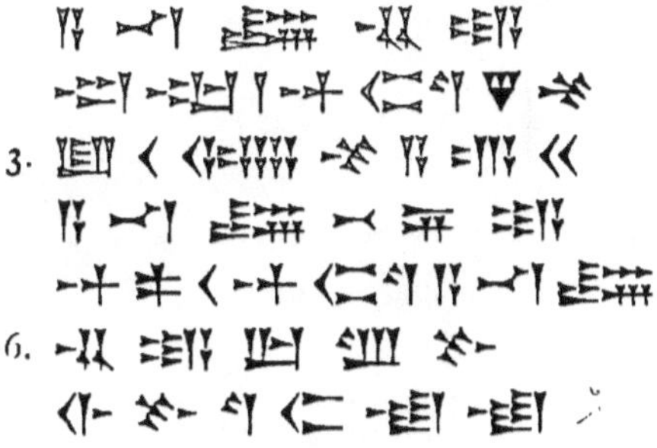

[26.] K. 4780 (*continued*).

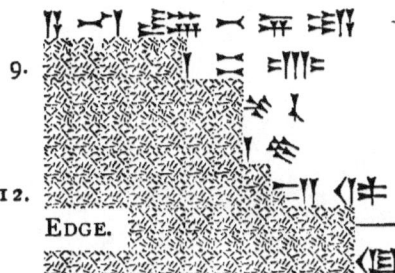

[27.] K. 1022.

Obverse.

(cuneiform text, lines 1–7)

Several lines broken away. No Reverse.

[28.] K. 1024.

Obverse.

(cuneiform text, lines 1–6)

Reverse.

(cuneiform text, lines 1–9)

[29.] K. 1204.

OBVERSE.

(cuneiform lines 1–14)

3.
6.
9.
12.

REVERSE.

(cuneiform lines 1–9)

3.
6.
9.

[1] Badly rubbed.

[30.] K. 7426.

OBVERSE.

(cuneiform text, lines 1–9)

Several lines broken away.

REVERSE.

(cuneiform text, lines 1–9)

EDGE.

(cuneiform text, lines 10–12)

[31.] K. 522.

OBVERSE.

(cuneiform text, lines 1–12)

REVERSE.

(cuneiform text, lines 1–3)

[32.] K. 527.

OBVERSE.

(cuneiform text, lines 1–15)

[32.] K. 527 (*continued*).

REVERSE.

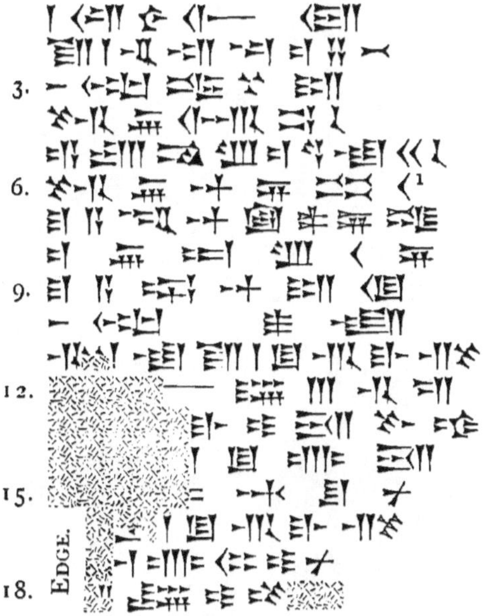

[1] Or .

[33.] K. 572.

OBVERSE.

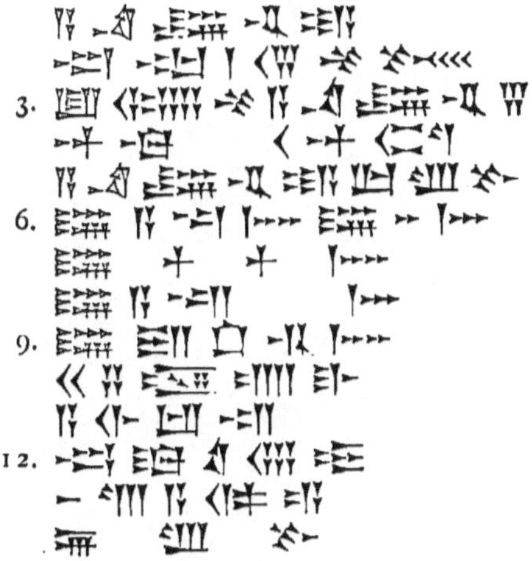

[33.] **K. 572** (*continued*).

REVERSE.

[34.] **K. 981.**

OBVERSE.

Lines 9-15 are so badly defaced as to be illegible.

REVERSE.

[35.] K. 983.

OBVERSE.

(cuneiform text, lines 1–2)

3. (cuneiform text, lines 3–5)

6. (cuneiform text, lines 6–8)

9. (cuneiform text, lines 9–11)

12. EDGE: (cuneiform text)

REVERSE.

(cuneiform text, lines 1–2)

3. (cuneiform text, lines 3–5)

6. (cuneiform text, lines 6–8)

9. (cuneiform text, line 9)

[36.] **K. 1032.**

Obverse.

(cuneiform text, lines 1–15)

Reverse.

(cuneiform text, lines 1–17)

[37.] K. 1039.

OBVERSE.

(cuneiform lines 1-15)

REVERSE.

Some lines broken away.

(cuneiform lines 3-12)

[37.] **K. 1039** (*continued*).

REVERSE.

15. ...
18. ...

EDGE.

[38.] **K. 1049.**

OBVERSE.

3. ...
6. ...
9. ...

REVERSE.

3. ...
6. ...
9. ...

[39.] K. 1082.

OBVERSE.

(cuneiform line 1)
(cuneiform line 2)
3. (cuneiform line 3)
(cuneiform line 4)
(cuneiform line 5)
6. (cuneiform line 6)

No Reverse.

[40.] K. 1540.

OBVERSE.

(cuneiform line 1)
(cuneiform line 2)
3. (cuneiform line 3)
(cuneiform line 4)
(cuneiform line 5)
6. (cuneiform line 6)

Reverse broken off.

[41.] K. 2909.

Obverse.

(cuneiform text, 12 lines)

Reverse.

(cuneiform text)

[42.] K. 14.

[43.] K. 122.

OBVERSE.

(cuneiform text, 24 lines)

[43.] **K. 122** (*continued*).

REVERSE.

[44.] K. 604.

OBVERSE.

(cuneiform lines 1–12)

REVERSE.

(cuneiform line)

[45.] K. 691.

OBVERSE.

(cuneiform lines 1–12)

[45.] K. 691 (*continued*).

REVERSE.

[cuneiform text, lines 3-6]

[46.] K. 939a.

OBVERSE.

[cuneiform text, lines 1-21]

¹ Or [sign]?

[46.] K. 939a (*continued*).

REVERSE.

Two or three lines broken away.

[47.] K. 979.

OBVERSE.

(cuneiform line 1)
(cuneiform line 2)
3. (cuneiform)
(cuneiform)
(cuneiform)
6. (cuneiform)
(cuneiform)
(cuneiform)
9. (cuneiform)
(cuneiform)
(cuneiform)

Several lines broken away.

REVERSE.

(cuneiform)
(cuneiform)
3. (cuneiform)
(cuneiform)
(cuneiform)
6. (cuneiform)

[48.] K. 1019.

OBVERSE.

(cuneiform)
(cuneiform)
3. (cuneiform)
(cuneiform)
(cuneiform)
6. (cuneiform)
(cuneiform)
(cuneiform)
9. (cuneiform)

[48.] K. 1019 (continued).

REVERSE.

Several lines broken away.

[cuneiform]
[cuneiform]
3. [cuneiform]
[cuneiform]
[cuneiform]
6. [cuneiform] (?)
[cuneiform]
[cuneiform]
9. [cuneiform]
EDGE. [cuneiform]

[49.] K. 1168.

OBVERSE.

[cuneiform]
[cuneiform]
3. [cuneiform]
[cuneiform]
[cuneiform]
6. [cuneiform]
[cuneiform]
[cuneiform]
9. [cuneiform] (?)
[cuneiform]
[cuneiform]
12. [cuneiform]
[cuneiform]
[cuneiform]
15. [cuneiform]
[cuneiform]
[cuneiform]
18. [cuneiform]
[cuneiform]
[cuneiform]
21. [cuneiform]
[cuneiform]

[49.] K. 1168 (*continued*).

REVERSE.

Some lines broken away.

[50.] K. 1242.

Obverse.

(cuneiform lines 1–12)

Some lines broken away.

Reverse.

(cuneiform lines 1–11)

12. 𒁹 𒐖 (erasure) 𒐖 ... (?)

[51.] K. 21.

OBVERSE.

(cuneiform text, lines 1–12)

REVERSE.

(cuneiform text, lines 1–6+)

[52.] K. 80.

OBVERSE.

(cuneiform line 1)
(cuneiform line 2)
3. (cuneiform)
(cuneiform)
(cuneiform)
6. (cuneiform)
(cuneiform)
(cuneiform)
9. (cuneiform)
(cuneiform)
(cuneiform)
12. (cuneiform)

REVERSE.

(cuneiform line 1)
(cuneiform line 2)
3. (cuneiform)
(cuneiform)
(cuneiform)
6. (cuneiform)
(cuneiform)
(cuneiform)
9. (cuneiform)
(cuneiform)[1]

[1] Written over (sign).

[53.] K. 174.

OBVERSE.

[cuneiform text, lines 1–15]

REVERSE.

[cuneiform text, lines 1–12]

[1] Written over [cuneiform sign].

[54.] K. 476.

OBVERSE.

(cuneiform text, lines 1–2)
3. (cuneiform text)
(cuneiform text)
(cuneiform text)
6. (cuneiform text)
(cuneiform text)
(cuneiform text)
9. (cuneiform text)
(cuneiform text)
(cuneiform text)
12. (cuneiform text)
(cuneiform text)
(cuneiform text)

EDGE. 15. (cuneiform text)

REVERSE.

(cuneiform text)
(cuneiform text)
3. (cuneiform text)
(cuneiform text)
(cuneiform text)

[55.] K. 483.

OBVERSE.

(cuneiform text)
(cuneiform text)
3. (cuneiform text)
(cuneiform text)
(cuneiform text)
6. (cuneiform text)
(cuneiform text)
(cuneiform text)
9. (cuneiform text)

[55.] K. 483 (*continued*).

REVERSE.

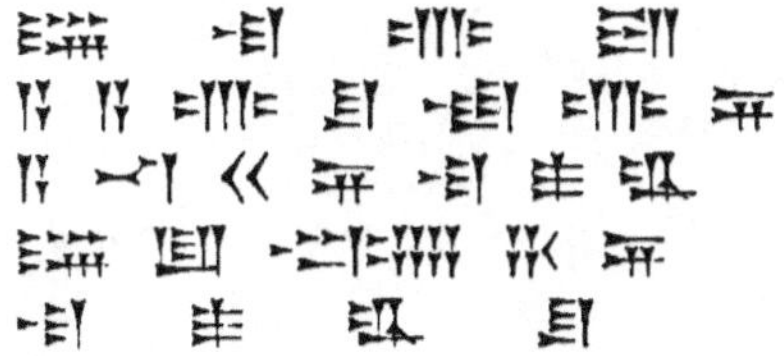

[56.] K. 649.

OBVERSE.

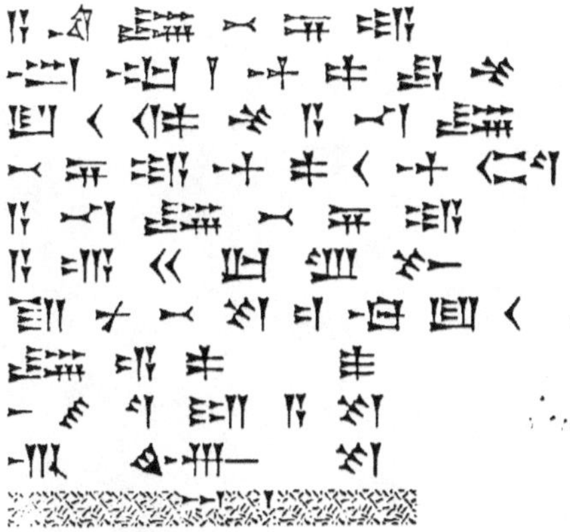

REVERSE.

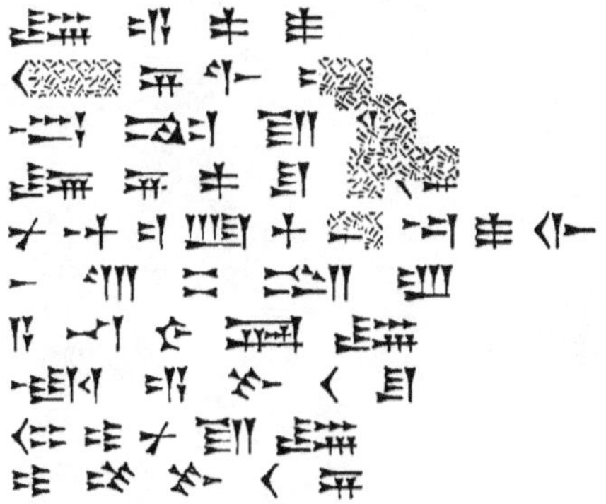

[57.] K. 687.

Obverse.

(cuneiform lines 1–18)

Edge.

Reverse.

(cuneiform lines 1–12)

[57.] K. 687 (*continued*).
REVERSE.

[cuneiform]

15. [cuneiform]

EDGE. [cuneiform]

18. [cuneiform]

[58.] K. 1033.
OBVERSE.

[cuneiform]

3. [cuneiform]

6. [cuneiform]

Several lines broken away.

REVERSE.

[cuneiform]

3. [cuneiform]

6. [cuneiform] (some indistinct traces)

9. [cuneiform]

12. [cuneiform]

[59.] K. 1041.

OBVERSE.

(cuneiform text, lines 1-2)
3. (cuneiform text)
(cuneiform text)
(cuneiform text)
6. (cuneiform text)
(cuneiform text) Several lines broken away.

REVERSE.

(cuneiform text)
3. (cuneiform text)
(cuneiform text)
(cuneiform text)
6. (cuneiform text) (?)
(cuneiform text)
(cuneiform text)
9. (cuneiform text)

EDGE. (cuneiform text)

LEFT-HAND EDGE. (cuneiform text)

[60.] K. 487.

OBVERSE.

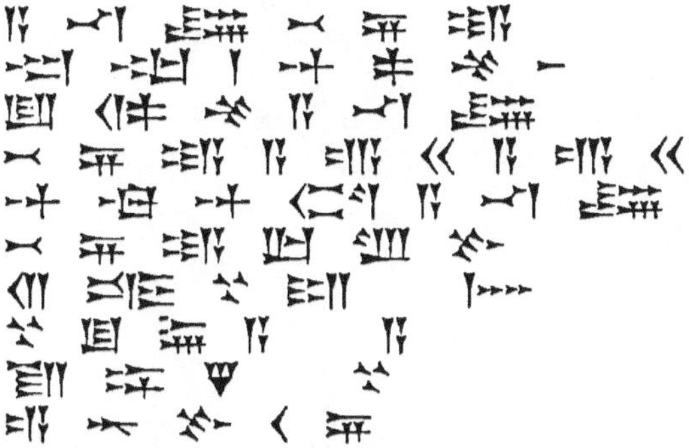

REVERSE. 

[61.] K. 529.

OBVERSE.

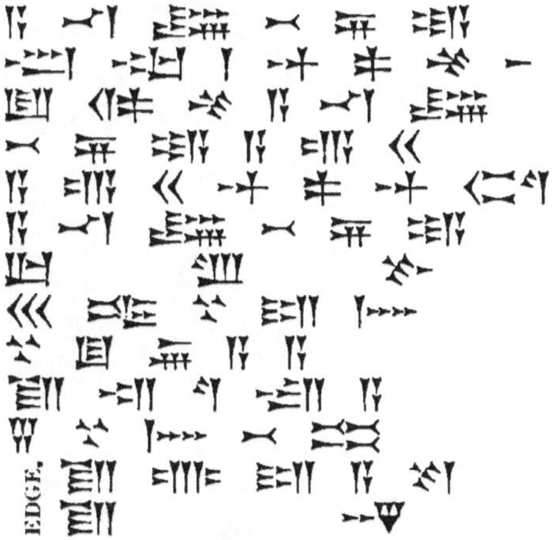

REVERSE.

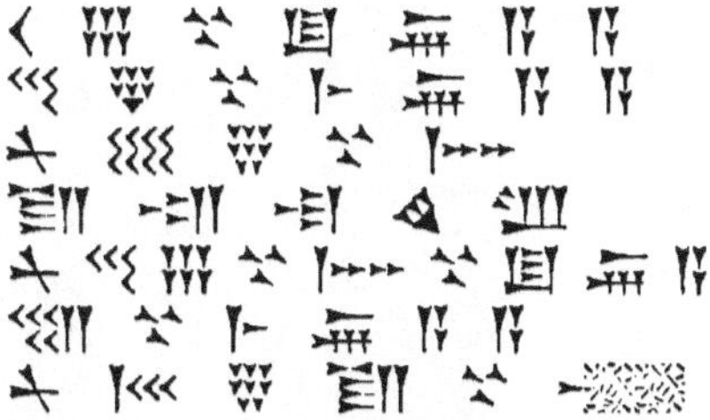

Remnants of 5 lines, so badly defaced as to be illegible

[62.] K. 547.

Obverse.

(cuneiform text, lines 1–10)

Reverse.

(cuneiform text, lines 1–10)

[63.] K. 549.

Obverse.

(cuneiform text, lines 1–5)

[63.] **K. 549** (*continued*).

6. [cuneiform]

9. [cuneiform]

12. EDGE. [cuneiform]

Reverse broken away.

[64.] **K. 550.**

OBVERSE.

[cuneiform]

3. [cuneiform]

6. [cuneiform]

9. [cuneiform]

12. [cuneiform]

15. EDGE. [cuneiform]

REVERSE.

[cuneiform]

3. [cuneiform]

[65.] K. 629.

OBVERSE.

[65.] K. 629 (*continued*).

REVERSE.

12. [cuneiform]
15. [cuneiform]
18. [cuneiform]
EDGE.
21. [cuneiform]

[66.] K. 1017.

OBVERSE.

[cuneiform]
3. [cuneiform]
6. [cuneiform]
9. [cuneiform]

REVERSE.

EDGE. [cuneiform][1]
3. EDGE. [cuneiform]

[1] Or [cuneiform].

[67.] K. 1050.

Obverse.

(cuneiform text, lines 1–2)

3. (cuneiform text, lines 3–5)

6. (cuneiform text, lines 6–8)

9. (cuneiform text, line 9)

Reverse.

(cuneiform text, lines 1–2)

3. (cuneiform text, lines 3–5)

[68.] K. 1053.

Obverse.

(cuneiform text, lines 1–2)

3. (cuneiform text, lines 3–5)

6. (cuneiform text, line 6)

Reverse.

(cuneiform text, lines 1–2)

3. (cuneiform text, line 3)

[69.] K. 1069.

OBVERSE.

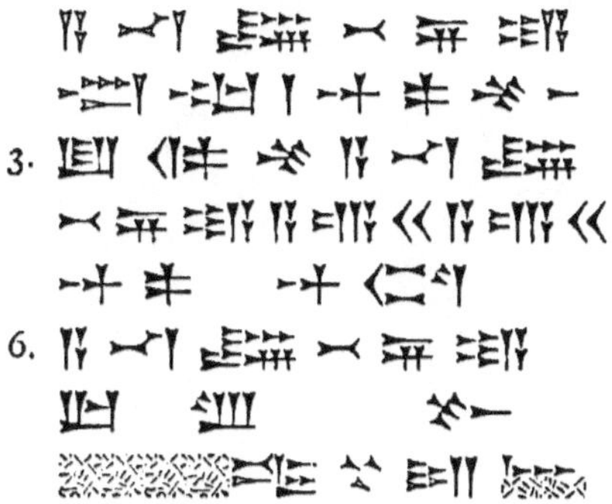

REVERSE.

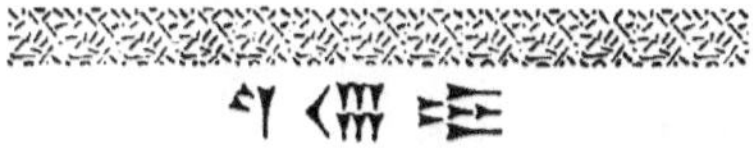

[70.] K. 1070.

OBVERSE.

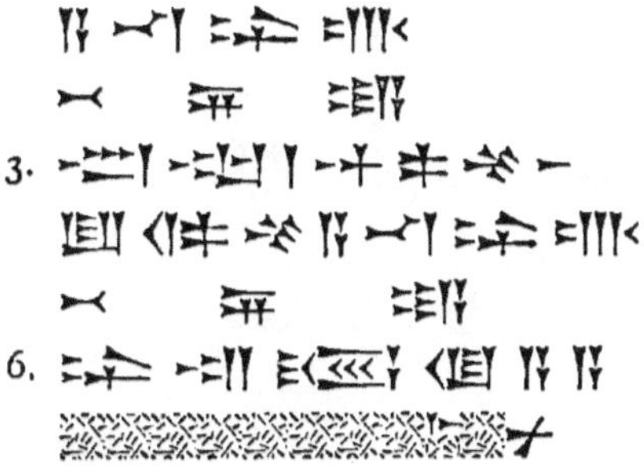

REVERSE.

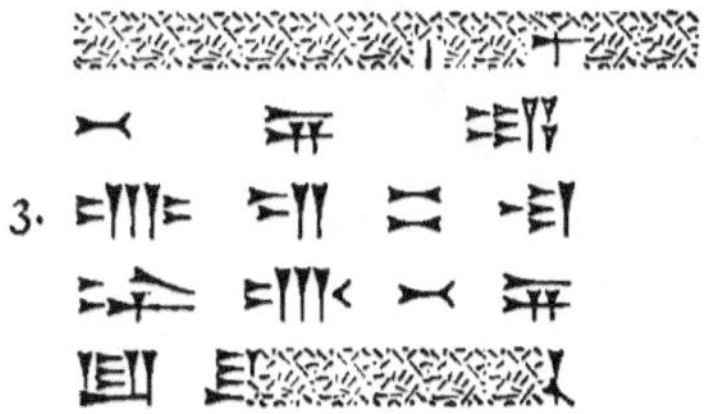

[71.] K. 1113 + K. 1229.

OBVERSE.

[72.] K. 1272.

OBVERSE.

3.

NO REVERSE.

[73.] K. 5509.

OBVERSE.

3.

NO REVERSE.

[74.] K. 185.

OBVERSE.

[74.] **K. 185** (*continued*).

REVERSE.

9. [cuneiform]
   [cuneiform]
   [cuneiform]
12. [cuneiform]
    [cuneiform]
    [cuneiform]
15. [cuneiform]
    [cuneiform]
    [cuneiform]
18. EDGE. [cuneiform]
    [cuneiform]
    [cuneiform]

[75.] **K. 546.**

OBVERSE.

[cuneiform]
[cuneiform]
3. [cuneiform]
   [cuneiform]
   [cuneiform]
6. [cuneiform]
   [cuneiform]
   [cuneiform]
9. [cuneiform]
   [cuneiform]

REVERSE.

[cuneiform]
[cuneiform]
3. [cuneiform]
   [cuneiform]
   [cuneiform]

[76.] K. 555.

OBVERSE.

[cuneiform signs, lines 1-2]
3. [cuneiform signs]
[cuneiform signs]
[cuneiform signs]
6. [cuneiform signs]
[cuneiform signs][1]
[cuneiform signs]
9. [cuneiform signs]
[cuneiform signs]
[cuneiform signs]
12. [cuneiform signs]
[cuneiform signs]
[cuneiform signs]
15. [cuneiform signs]
EDGE. [cuneiform signs]

REVERSE.

[cuneiform signs, lines 1-2]
3. [cuneiform signs]
[cuneiform signs]
[cuneiform signs]
6. [cuneiform signs]
[cuneiform signs]
[cuneiform signs]
9. [cuneiform signs]
[cuneiform signs]
[cuneiform signs]
12. [cuneiform signs]
[cuneiform signs]
[cuneiform signs]

[1] Badly rubbed, and doubtful; but cf. Rev., l. 4.

[77.] K. 565.

Obverse.

(cuneiform text, lines 1-15)

Reverse.

(cuneiform text, lines 1-7)

[78.] K. 569.

OBVERSE.

(cuneiform text, lines 1–18)

REVERSE.

(cuneiform text, lines 1–9)

[1] Perhaps 𒑀.

[79.] K. 4281.

OBVERSE.

(cuneiform lines 1–2)
3. (cuneiform)
(cuneiform lines 4–5)
6. (cuneiform)
(cuneiform)

Several lines broken away.

REVERSE.

Several lines broken away.

(cuneiform lines 1–2)
3. (cuneiform)
(cuneiform) (?)
(cuneiform)
6. (cuneiform)
(cuneiform)
(cuneiform)

[80.] K. 520.

OBVERSE.

(cuneiform lines 1–2)
3. (cuneiform)
(cuneiform)
(cuneiform)
6. (cuneiform)
(cuneiform)
(cuneiform)
9. (cuneiform)
(cuneiform)
(cuneiform)
12. (cuneiform)
(cuneiform)
(cuneiform)
15. (cuneiform)

EDGE. (cuneiform)
(cuneiform)
18. (cuneiform)

REVERSE.

(cuneiform lines 1–2)
3. (cuneiform)
(cuneiform)
(cuneiform)
6. (cuneiform) ⟨(erasure)⟩ (cuneiform)
(cuneiform)
(cuneiform)
9. (cuneiform)
(cuneiform)

[80.] **K. 520** (*continued*).

REVERSE.

12. [cuneiform]
    [cuneiform]
    [cuneiform]
15. EDGE. [cuneiform]

18. LEFT-HAND EDGE. [cuneiform]

[81.] **K. 642.**

OBVERSE.

[cuneiform]
3. [cuneiform]
   [cuneiform]
6. [cuneiform]
   [cuneiform]
9. [cuneiform]

NO REVERSE.

[82.] **K. 1200.**

OBVERSE

[cuneiform]
3. [cuneiform]
   [cuneiform]
6. [cuneiform]
   [cuneiform]
9. [cuneiform]

Several lines broken away.

[82.] K. 1200 (*continued*).

REVERSE.

Several lines broken away.

[83.] K. 5244 b.

OBVERSE.

Several lines broken away.

REVERSE.

Several lines broken away.

[84.] K. 117.
Obverse.

[85.] K. 613.

OBVERSE.

[86.] K. 660.

Obverse.

[87.] K. 466.

OBVERSE.

REVERSE.

[88.] K. 507.

OBVERSE.

(cuneiform text, 13 lines)

REVERSE.

(cuneiform text, 11 lines)

[89.] K. 515.

OBVERSE.

(cuneiform text, lines 1-17)

REVERSE.

(cuneiform text, lines 1-13, with "(erasure)" noted at line 9)

[1] These lines are filled with silica, and hence doubtful, but cf. rev., 8.

[90.] K. 594.

OBVERSE.

REVERSE.

[1] Written over an erasure.

[91.] K. 620.

Obverse.

(cuneiform text, lines 1–2)

3. (cuneiform text)

(cuneiform text)

6. (cuneiform text)

(cuneiform text)

9. (cuneiform text)

(cuneiform text)

(cuneiform text)

12. (cuneiform text)

(cuneiform text)

(cuneiform text)

15. (cuneiform text)

(cuneiform text)

(cuneiform text)

18. (cuneiform text)

Edge. (cuneiform text)

Reverse.

(cuneiform text)

(cuneiform text)

3. (cuneiform text)

(cuneiform text)

(cuneiform text)

A whole line has been erased and left uninscribed.

6. (cuneiform text)

(cuneiform text)

(cuneiform text)

9. (cuneiform text)

(cuneiform text)[1] (cuneiform)[1] (cuneiform)[1] (cuneiform) (cuneiform)

[1] Written over an erasure.

[92.] K. 656.

Obverse.

(cuneiform text, lines 1-18, with "(erasure)" noted in line 18)

Edge.

Reverse.

(cuneiform text with "Vitrified." noted in the upper portion; lines 3-15, with "(?)" marks)

[93.] K. 1057.

OBVERSE[1]

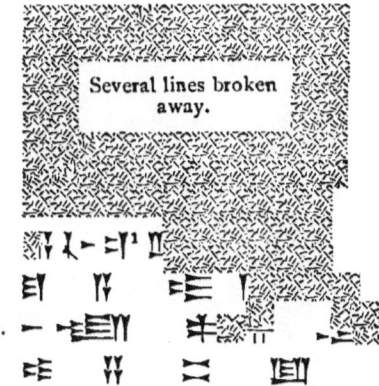

Several lines broken away.

REVERSE.

Several lines broken away.

[1] Written over an erasure.

[94.] K. 1147 + 1947.

OBVERSE.

1.
2.
3.
4.
5.
6.
7.
8.
9.
10.
11.
12.
13.
14.

REVERSE.

1.
2.
3.
4.
5.
6.

---

[1] Perhaps an erasure.   [2] Perhaps 𒉺.

[95.] K. 1151.

OBVERSE.

Several lines broken away.

REVERSE.

Several lines broken away.

[1] Or [sign].

[96.] K. 1413.

OBVERSE.

(cuneiform text, lines 1–9)

Several lines broken away.

NO REVERSE.

[97.] K. 4770.

OBVERSE.

(cuneiform text, lines 1–15)

Several lines broken away.

On Reverse only the last character of 8 or 10 lines.

[98.] K. 5465.

OBVERSE.

[cuneiform]

Several lines broken away.

REVERSE.

Several lines broken away.

[cuneiform]

[99.] K. 5486.

OBVERSE.

(cuneiform text, 15 lines with several lines broken away)

Several lines broken away.

REVERSE.

Several lines broken away.

(cuneiform text, lines 3–18, with EDGE marked at line 18)

[100.] K. 554.

OBVERSE.

(cuneiform text, 16 lines)

EDGE. (cuneiform text)

REVERSE.

(cuneiform text, 16 lines)

[101.] K. 561.

Obverse.

(cuneiform text, 18 lines)

Reverse.

(cuneiform text, 15 lines)

[102.] K. 657.

OBVERSE.

[103.] K. 1189.

Obverse.

(cuneiform lines 1–12)

Several lines broken away.

Reverse.

Several lines broken away.

(cuneiform lines 1–10)

[104.] K. 1195.

OBVERSE.

(cuneiform text, lines 1–9, with "Several lines broken away.")

NO REVERSE.

[105.] K. 1205.

OBVERSE.

(cuneiform text, lines 1–9, with "Several lines broken away.")

NO REVERSE.

[106.] K. 1209.

OBVERSE.

(cuneiform text, lines 1-2)

3. (cuneiform text)

(cuneiform text)

6. (cuneiform text)

(cuneiform text)

9. (cuneiform text ← (?))

(cuneiform text)

Several lines broken away.

REVERSE.

Several lines broken away.

3. (cuneiform text)

(cuneiform text)

6. (cuneiform text)

(cuneiform text)

(cuneiform text)

9. (cuneiform text)

EDGE. (cuneiform text)

[107.] K. 4304.

OBVERSE.

(cuneiform lines 1–2)
3. (cuneiform lines 3–4)
(cuneiform line 5)
6. (cuneiform lines 6–8)

Several lines broken away.

REVERSE.

Several lines broken away.

(cuneiform lines 1–2)
3. (cuneiform lines 3–5)
6. (cuneiform lines 6–7)

[108.] K. 519.
OBVERSE.

(cuneiform text, lines 1–14)

REVERSE.

(cuneiform text, lines 1–14)

EDGE.
(cuneiform text, line 15)

LEFT-HAND EDGE.
(cuneiform text, line 18)

[1] Division marks.

[109.] K. 532.

OBVERSE.

(cuneiform text, 14 lines)

REVERSE.

(cuneiform text, 15 lines)

LEFT-HAND EDGE. (cuneiform text)

[110.] K. 576.

OBVERSE.

(cuneiform text, lines 1–9, with EDGE)

REVERSE.

(cuneiform text, lines 1–12, with EDGE)

LEFT-HAND EDGE.

(cuneiform text)

[111.] K. 4704.

OBVERSE.

(cuneiform lines 1–9)

Several lines broken away.

REVERSE.

Several lines broken away.

(cuneiform lines 1–9)

[112.] K. 485.

OBVERSE.

(cuneiform text, lines 1–15)

EDGE.

(cuneiform text)

[112.] K. 485 (*continued*).

REVERSE.

[cuneiform text, 18 lines]

LEFT-HAND EDGE.

[cuneiform text]

[113.] K. 501.

Obverse.

[114.] K. 538.

Obverse.

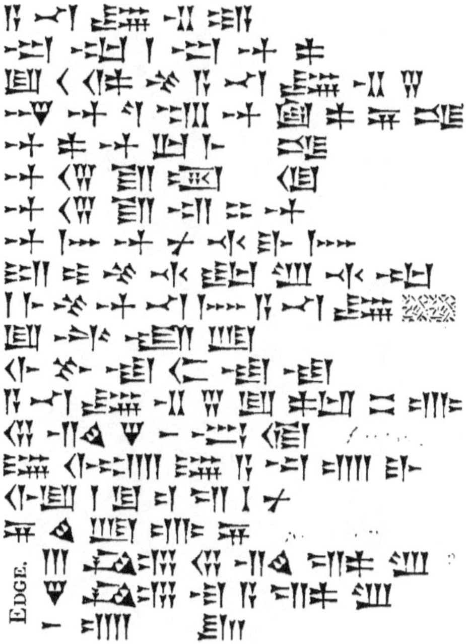

Reverse.

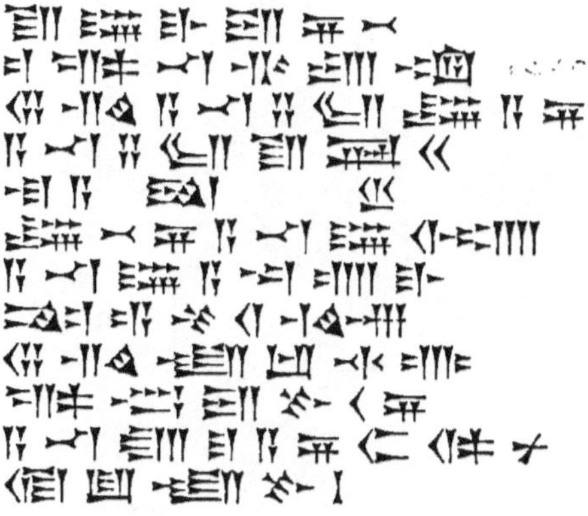

[115.] K. 627.

OBVERSE.

(cuneiform text, lines 1-2)

3. (cuneiform text)

(cuneiform text)

6. (cuneiform text)

(cuneiform text)

(cuneiform text)

9. (cuneiform text)

(cuneiform text)

(cuneiform text)

12. (cuneiform text)

(cuneiform text)

(cuneiform text)

15. (cuneiform text)

(cuneiform text)

(cuneiform text)

EDGE.

18. (cuneiform text)

(cuneiform text)

REVERSE.

(cuneiform text)

(cuneiform text)

3. (cuneiform text)

(cuneiform text)

(cuneiform text)

6. (cuneiform text)

(cuneiform text)

(cuneiform text)

9. (cuneiform text)

(cuneiform text)

Lines 3–8 are so badly defaced as to be illegible.

[116.] K. 970.

OBVERSE.

[117.] K. 991.

OBVERSE.

Some lines broken away.

[117.] **K. 991** (*continued*).

REVERSE.

[118.] K. 1026.

OBVERSE.

(cuneiform text, lines 1–12)

Several lines broken away.

REVERSE.

Several lines broken away.

(cuneiform text, lines 1–15)

LEFT-HAND EDGE.

(cuneiform text)

[119.] K. 499.

OBVERSE.

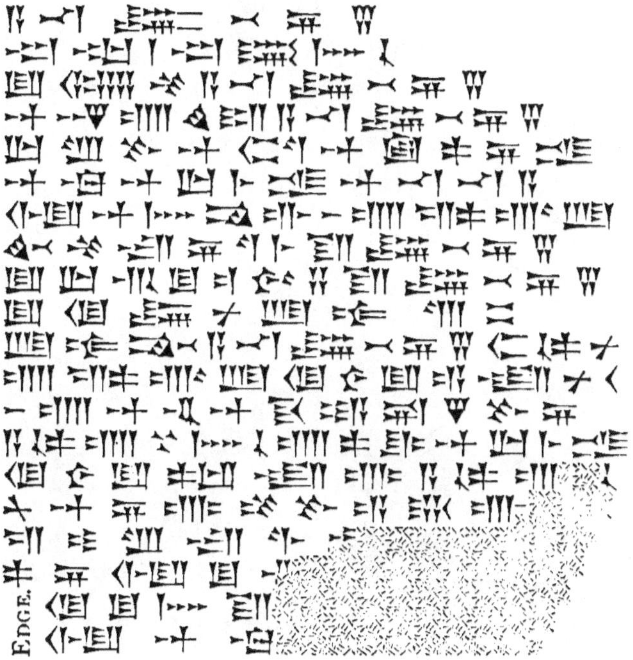

REVERSE.

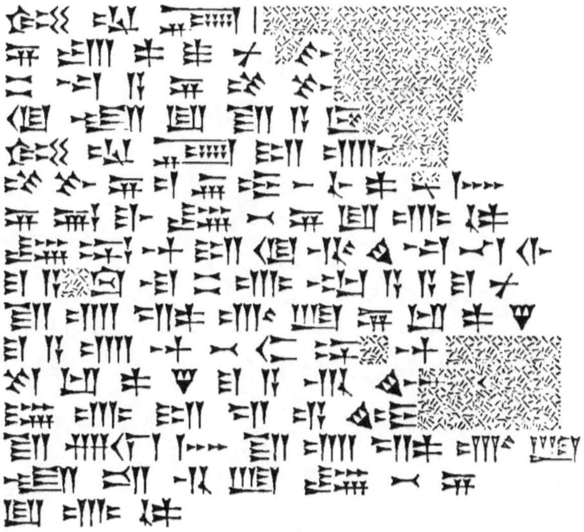

[120.] K. 1461.

OBVERSE.

[120.] K. 1461 (*continued*).

REVERSE.

[121.] K. 468.

Obverse.

Some lines broken away.

Reverse.

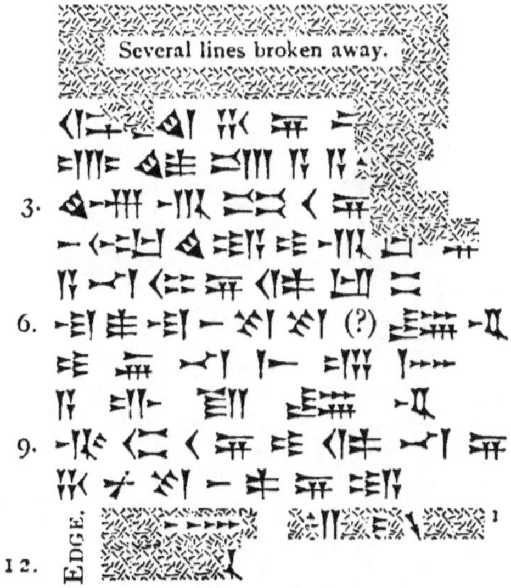
Several lines broken away.
Edge.

[1] Erasure.

[122.] K. 491.

Obverse.

(cuneiform text, lines 1–10)

Reverse not inscribed.

[123.] K. 574.

Obverse.

(cuneiform text, lines 3–18)

Reverse.

(cuneiform text, lines 3–12)

[124.] K. 903.

OBVERSE.

(cuneiform lines 1-2)
3. (cuneiform)
(cuneiform)
(cuneiform)
6. (cuneiform)
(cuneiform)[1]
(cuneiform)
9. (cuneiform)

REVERSE.

(cuneiform)
(cuneiform)
3. (cuneiform)
(cuneiform)

[1] Or (sign).

INDEX I.

SCRIBE.	NO.	K. NO.	PAGE
𒁹𒈾𒀀𒌍𒌋𒀀	1	K. 167	1
Ditto	2	K. 183	2, 3
Ditto	3	K. 492	4
Ditto	4	K. 568	5
Ditto	5	K. 583	6, 7
Ditto	6	K. 595	7, 8
𒁹𒈾𒀀𒌍𒌋𒈨𒌋	7	K. 601	9
𒁹𒈾𒀀𒌍𒌋𒀀	8	K. 612	10
Ditto	9	K. 618	10, 11
Ditto	10	K. 641	12
Ditto	11	K. 643	12
Ditto	12	K. 666	13
𒁹𒈾𒀀𒌍𒌋𒈨𒌋	13	K. 1040	14
𒁹𒈾𒀀𒌍𒌋𒀀	14	K. 1087	14
Ditto	15	K. 1197	14, 15
Ditto	16	K. 1428	15
𒁹𒈾𒆠𒅆𒌋	17	K. 472	16
Ditto	18	K. 490	17, 18
Ditto	19	K. 494	18, 19
Ditto	20	K. 495	19
𒁹𒈾𒐊𒅆𒌋	21	K. 511	20
𒁹𒈾𒆠𒅆𒌋	22	K. 591	20, 21
Ditto	23	K. 602	21, 22, 23
Ditto	24	K. 626	23, 24
Ditto	25	K. 639	24, 25
Ditto	26	K. 4780	25, 26

INDEX I.

SCRIBE.	NO.	K. NO.	PAGE
𒁹 𒈦 𒐊 𒐊𒐊𒐊𒐊 𒐊𒐊	27	K. 1022	27
Ditto	28	K. 1024	27
Ditto	29	K. 1204	28
Ditto	30	K. 7426	29
𒁹 𒌋 𒈦 𒀭	31	K. 522	30
𒁹 𒌋 𒈦 𒀭 𒌍	32	K. 527	30, 31
Ditto [1]	33	K. 572	31, 32
Ditto	34	K. 981	32
𒁹 𒌋 𒈦 𒀭	35	K. 983	33
𒁹 𒌋 𒈦 𒀭 𒌍	36	K. 1032	34
Ditto	37	K. 1039	35, 36
Ditto	38	K. 1049	36
Ditto	39	K. 1082	37
Ditto	40	K. 1540	37
Ditto	41	K. 2909	38
𒁹 𒂦 𒈦 𒁾 𒌋	42	K. 14	39
Ditto	43	K. 122	40, 41
Ditto	44	K. 604	42
Ditto	45	K. 691	42, 43
Ditto	46	K. 939a	43, 44
Ditto	47	K. 979	45
𒁹 𒐊 𒈦 𒁾 𒌋	48	K. 1019	45, 46
Ditto	49	K. 1168	46, 47
𒁹 𒂦 𒈦 𒁾 𒌋	50	K. 1242	48
𒁹 𒈦 𒆠 𒁾 𒈦	51	K. 21	49
Ditto	52	K. 80	50
𒁹 𒈦 𒂦 𒄿 𒌋 𒈦	53	K. 174	51
𒁹 𒉽 𒆠 𒀀 𒀭 𒈦	54	K. 476	52
𒁹 𒈦 𒆠 𒁾 𒈦	55	K. 483	52, 53
Ditto	56	K. 649	53
Ditto	57	K. 687	54
Ditto	58	K. 1033	55
Ditto	59	K. 1041	56

[1] Incorrectly printed 𒁹 𒌋 𒈦 𒀭 𒌍 in text.

INDEX I.

SCRIBE.	NO.	K. NO.	PAGE
𒁹 𒀭 𒌋 𒐼 𒑰	60	K. 487	57
Ditto	61	K. 529	57
Ditto	62	K. 547	58
Ditto	63	K. 549	58, 59
Ditto	64	K. 550	59
𒁹 𒀭 𒂍 𒌋 𒐼 𒑰 𒑰	65	K. 629	60, 61
𒁹 𒀭 𒌋 𒐼 𒑰	66	K. 1017	61
𒁹 𒀭 𒂍 𒌋 𒐼 𒑰 𒑰	67	K. 1050	62
𒁹 𒀭 𒌋 𒐼 𒑰	68	K. 1053	62
Ditto	69	K. 1069	63
Ditto	70	K. 1070	63
𒁹 𒀭 𒂍 𒌋 𒑰	71	K. 1113+1229	64
𒁹 𒀭 𒌋 𒐼 𒑰	72	K. 1272	65
Ditto	73	K. 5509	65
𒁹 𒀭 𒀭 𒀭 𒀭	74	K. 185	66, 67
Ditto	75	K. 546	67
Ditto	76	K. 555	68
Ditto	77	K. 565	69
Ditto	78	K. 569	70
Ditto	79	K. 4281	71
𒁹 𒀭 𒌋 𒀭 𒑰 𒀭	80	K. 520	72, 73
Ditto	81	K. 642	73
Ditto	82	K. 1200	73, 74
Ditto	83	K. 5244b	74
𒁹 𒀭 𒀭 𒀭	84	K. 117	75
Ditto	85	K. 613	76
Ditto	86	K. 660	77
𒁹 𒀭 𒀭 𒀭 𒀭 𒀭	87	K. 466	78
𒁹 𒀭 𒀭 𒀭 𒀭 𒀭 𒀭	88	K. 507	79
Ditto	89	K. 515	80
Ditto	90	K. 594	81
Ditto	91	K. 620	82
Ditto	92	K. 656	83
𒁹 𒀭 𒀭 𒀭 𒀭 𒀭	93	K. 1057	84

SCRIBE.	NO.	K. NO.	PAGE
(cuneiform)	94	K. 1147+1947	85
(cuneiform)	95	K. 1151	86
(cuneiform)	96	K. 1418	87
Ditto	97	K. 4770	87
Ditto	98	K. 5465	88
(cuneiform)	99	K. 5466	89
(cuneiform)	100	K. 554	90
Ditto	101	K. 561	91
Ditto	102	K. 657	92
Ditto	103	K. 1189	93
Ditto	104	K. 1195	94
Ditto	105	K. 1205	94
Ditto	106	K. 1209	95
Ditto	107	K. 4304	96
(cuneiform)	108	K. 519	97
Ditto	109	K. 532	98
Ditto	110	K. 576	99
Ditto	111	K. 4704	100
(cuneiform)	112	K. 485	101, 102
(cuneiform)	113	K. 501	103
Ditto	114	K. 538	104
Ditto	115	K. 627	105
Ditto	116	K. 970	106
(cuneiform)	117	K. 991	107, 108
Ditto	118	K. 1026	109
(cuneiform)	119	K. 499	110
(cuneiform)	120	K. 1461	111, 112
(cuneiform)	121	K. 468	113
Ditto	122	K. 491	114
Ditto	123	K. 574	115
(cuneiform)	124	K. 903	116

INDEX II.

K. NO.	NO.	PAGE	K. NO.	NO.	PAGE
K. 14	42	39	K. 499	119	110
K. 21	51	49	K. 501	113	103
K. 80	52	50	K. 507	88	79
K. 117	84	75	K. 511	21	20
K. 122	43	40, 41	K. 515	89	80
K. 167	1	1	K. 519	108	97
K. 174	53	53	K. 520	80	72, 73
K. 183	2	2, 3	K. 522	31	30
K. 185	74	66, 67	K. 527	32	30, 31
K. 466	87	78	K. 529	61	57
K. 468	121	113	K. 532	109	98
K. 472	17	16	K. 538	114	104
K. 476	54	52	K. 546	75	67
K. 483	55	52, 53	K. 547	62	58
K. 485	112	101, 102	K. 549	63	58, 59
K. 487	60	57	K. 550	64	59
K. 490	18	17, 18	K. 554	100	98
K. 491	122	114	K. 555	76	60
K. 492	3	4	K 561	101	91
K. 494	19	18, 19	K. 565	77	69
K. 495	20	19	K. 568	4	5

K. NO.	NO.	PAGE	K. NO.	NO.	PAGE
K. 569	78	70	K. 970	116	106
K. 572	33	31, 32	K. 979	47	45
K. 574	123	115	K. 981	34	32
K. 576	110	99	K. 983	35	33
K. 583	5	6, 7	K. 991	117	107, 108
K. 591	22	20, 21	K. 1017	66	61
K. 594	90	81	K. 1019	48	45, 46
K. 595	6	7, 8	K. 1022	27	27
K. 601	7	9	K. 1024	28	27
K. 602	23	21, 22, 23	K. 1026	118	109
K. 604	44	42	K. 1032	36	34
K. 612	8	10	K. 1033	58	55
K. 613	85	76	K. 1039	37	35, 36
K. 618	9	10, 11	K. 1040	13	14
K. 626	24	23, 24	K. 1041	59	56
K. 627	115	105	K. 1049	38	36
K. 629	65	60, 61	K. 1050	67	62
K. 639	[25	24, 25	K. 1053	68	62
K. 641	10	12	K. 1057	93	84
K. 642	81	73	K. 1069	69	63
K. 643	11	12	K. 1070	70	63
K. 649	56	53	K. 1082	39	37
K. 656	92	83	K. 1087	14	14
K. 657	102	92	K. 1113+1229	71	64
K. 660	86	77	K. 1147+1947	94	85
K. 666	12	13	K. 1151	95	86
K. 687	57	54	K. 1168	49	46, 47
K. 691	45	42, 43	K. 1189	103	93
K. 903	124	116	K. 1195	104	94
K. 939a	46	113, 114	K. 1197	15	14, 15

INDEX II.

K. NO.	NO.	PAGE	K. NO.	NO.	PAGE
K. 1200	82	73, 74	K. 4281	79	71
K. 1204	29	28	K. 4304	107	96
K. 1205	105	94	K. 4704	111	100
K. 1209	106	95	K. 4770	97	87
K. 1242	50	48	K. 4780	26	25, 26
K. 1272	72	65	K. 5509	73	65
K. 1418	96	87	K. 5244b	83	74
K. 1428	16	15	K. 5465	98	88
K. 1461	120	111, 112	K. 5466	99	89
K. 1540	40	37	K. 7426	30	29
K. 2909	41	38			

www.ingramcontent.com/pod-product-compliance
Lightning Source LLC
Chambersburg PA
CBHW020805230426
43666CB00007B/864